DE
L'ESPRIT RÉPUBLICAIN.

Ubi.... spiritus Domini, ibi libertas.
Là où est l'esprit de Dieu, là est la Liberté.
(IIe Épitre aux Corinthiens, c. III, v. 17.)

Par JOSEPH-PROSPER ENJELVIN,

PRÊTRE.

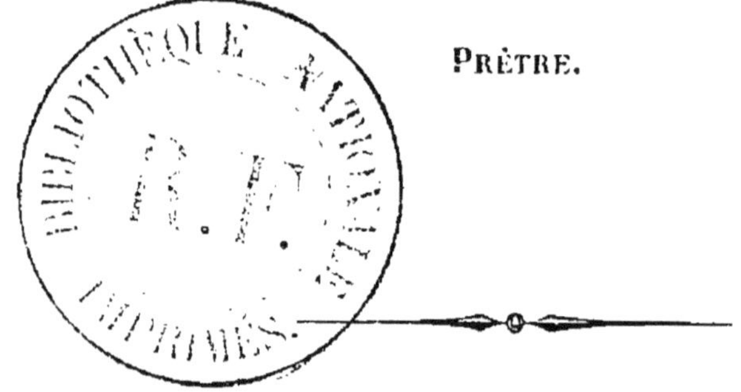

CLERMONT-FERRAND,
A LA LIBRAIRIE CATHOLIQUE, RUE DU TERRAIL.

A PARIS,
CHEZ PERISSE FRÈRES, RUE DU PETIT-BOURBON-SAINT-SULPICE, 18.

1848.

TYPOGRAPHIE DE PEROL, RUE BARBANÇON, 2, A CLERMONT-FERRAND.

DE
L'ESPRIT RÉPUBLICAIN.

CHAPITRE Ier

LE COUP DE TONNERRE ET LA VOIX DE DIEU.

DIEU A TONNÉ DU HAUT DU CIEL (1), et le bruit de son tonnerre, après avoir retenti dans toute l'Europe, retentira dans tout l'univers.

DIEU A TONNÉ DU HAUT DU CIEL, ET LE TRÈS-HAUT A FAIT ENTENDRE SA VOIX (2).

Qu'a-t-elle dit cette voix accompagnée du tonnerre ?

Elle a dit ce que, depuis le commencement du monde, elle ne cesse de faire entendre aux hommes dans

(1) *Intonuit de Cœlo Dominus......* Ps. XVII, v. 14.
(2) *Et altissimus dedit vocem suam,* id.

4

toutes les langues, et ce que, trop souvent, les hommes entendent sans le comprendre ou comprennent à la hâte sans l'approfondir, sans en tirer, dans la pratique de la vie publique ou privée, les conséquences voulues de Dieu pour l'ordre et la beauté du monde moral.

Qu'a-t-elle dit cette voix accompagnée du tonnerre?

Elle a dit ce qu'elle proclama jadis sur le mont Sinaï, dans une solennité sans pareille de terreur, de gloire et de majesté :

« Je suis le Seigneur votre Dieu....., vous n'aurez » point devant moi de dieux étrangers (1). »

Dieu la répétait cette solennelle parole, au bruit du tonnerre qui renversait, en dix-sept cent quatre-vingt-treize, la belliqueuse monarchie de Clovis, la fastueuse monarchie de Louis XIV, l'impure et dégoûtante monarchie de Louis XV. Sa voix se faisait entendre au milieu de cette épouvantable tempête, pour dire aux chrétiens et à tous les hommes : Qu'est-ce que mille ans et deux mille ans devant moi? C'est moins qu'un jour ou deux devant l'homme. Ce qui a duré quatorze cents ans ne résiste pas plus à mon bras, au seul souffle de ma puissance, que la fleur des champs qui était aujourd'hui et qui ne sera plus demain. Il n'y a que moi, le Seigneur, qui suis éternellement. J'étais avant tous les mondes, et s'il me plaisait de les rendre au néant d'où je les ai tirés,

____

(1) *Ego sum Dominus Deus tuus.......*
Non habebis deos alienos coràm me. Exode, c. xx, v. 2, 3.

je subsisterais encore au-delà. Il n'y a que moi, dont le trône ne sera jamais ébranlé, ni par le torrent des siècles, ni par celui des révolutions : *Ego Dominus :* « Je suis le Seigneur (1). »

N'ayez donc point de dieux étrangers devant moi : n'adorez ni l'antiquité d'une race humaine que j'ai vu naître et que je verrai périr, qui compte sa gloire par quelques générations et quelques siècles, tandis que je compte la mienne par l'éternité ; ni la splendeur d'un homme formé comme vous du limon d'Adam, et qui recouvre en vain de diamants et de pierreries la boue dont il est pétri.

A toute autorité nécessaire à l'ordre, respect et obéissance, car c'est un reflet de mon autorité suprême ; mais à moi seul l'adoration, l'encens, la louange sans restriction, la gloire sans égale et sans mesure, comme la puissance, la sagesse et la sainteté sans limite ! *Ego Dominus :* je suis le Seigneur.

Quand la République française se voyait enlever, par le plus hardi de ses généraux, le bonnet de la liberté, quand on lui mettait les fers aux pieds et aux mains comme à un prisonnier furieux dont on ne peut venir à bout autrement, quand Napoléon, du haut de sa gloire, la contemplant dans cet état, lui disait avec un sourire amer : Superbe, qui décapitais les rois et les grands de la terre, j'espère que tu n'y reviendras pas de long-temps ; ce n'était pas lui, Napoléon,

____

(1) Lévit, c. xix, v. 37.

c'était moi, le Seigneur, qui avais détrôné celle qui détrônait elle-même les rois. J'avais préparé à jour fixe un homme au poignet de bronze pour museler le lion furieux ; j'avais dit à une île de la Méditerranée : En telle année, à tel jour, tu enfanteras un nouveau Cyrus, un nouvel Alexandre, un nouveau César, et je me reposerai sur lui du soin de brider la révolution française, comme un coursier indomptable pour tout autre cavalier, mais que celui-ci précipitera à sa volonté à travers les nations, pour heurter, renverser les rois et les fouler sous ses pieds.

Mais prenez garde, ne faites pas un Dieu de cet homme, quoiqu'il soit revêtu pour un temps par moi, le Seigneur, de la cuirasse du Dieu des armées. Je le frapperai quand il me plaira, et le percerai au défaut de cette cuirasse. Il chancellera dans ses voies comme un homme ivre, et il finira par tomber comme une montagne sapée dans ses fondements, et les vastes mers de l'Atlantique s'ouvriront pour engloutir le géant : *Ego Dominus :* je suis le Seigneur.

Et vous n'aurez point d'autre Dieu que moi, et malheur aux adorateurs des idoles, ces idoles fussent-elles vivantes et animées ; car, je vous le dis, elles mourront quand moi, le seul Dieu vivant, je voudrai faire justice d'elles !

Le Seigneur a continué de parler cette même et formidable parole en la trentième année du siècle présent, quand le vieux trône de Hugues Capet croula pour la seconde fois au bruit du canon, sous l'ardent soleil de juillet. En ce temps-là, il y avait encore des hommes, et des hommes justes et bons, craignant

Dieu et l'adorant, qui adoraient à côté de lui ce qu'ils croyaient un réfléchissement immortel de sa grandeur et de sa puissance. Sans doute ils commençaient, comme de raison, par encenser l'autel ; mais le trône leur paraissait digne aussi de leur encens. Que dis-je? Ils s'imaginaient que l'un ne pouvait subsister sans l'autre, que l'autel avait besoin de l'appui du trône. Dieu conçut de la jalousie à propos de cette pensée qui reposait dans de nobles âmes, pleines des traditions du passé, et non encore assez éclairées sur la variété des conduites de Dieu à l'égard de son Eglise et du genre humain.

Je puis vivre seul, dit le Seigneur : j'ai bien vécu seul pendant une éternité ! Je n'ai pas besoin de la vie des rois pour auxiliaire de la mienne ; je n'ai pas besoin qu'un bras de chair me soutienne comme un homme près de tomber. Je ne suis point l'ennemi des rois, puisque c'est moi qui les élève et les maintiens sur leur trône, aussi long-temps qu'il convient à mes desseins sur les nations. Mais certes, si je ne suis pas leur ennemi, si même je suis leur ami quand ils usent avec sagesse et amour de leur sceptre et de leur empire, que l'univers se garde bien de croire que j'aie un absolu besoin d'eux, que je ne puisse me passer de leur concours pour le bien du monde !

Non, non, je ne suis point le protégé des rois, moi, le Seigneur ; moi qui protège tout ce qui vit et tout ce qui est ! Si vous en doutez, enfants de la terre, voyez : je vais briser un roi, deux rois, trois rois, s'il me plaît, dans ce royaume appelé depuis des siècles le royaume très-chrétien, et vous verrez si je ne me passe point de ces prétendus protecteurs !

Mes protecteurs (si je daigne m'humilier jusqu'à ce langage), ce sont l'ordre, le droit, la justice, l'amour, le bien que je fais, celui que j'inspire.

Mes protecteurs (si l'on conçoit des protecteurs à Dieu), ce sont ces deux testaments où j'ai consigné toute vérité salutaire à l'homme; ce sont ces prophètes, ces apôtres chargés d'annoncer aux hommes ma vérité; c'est la puissance que j'ai donnée à leur parole, pour entrer victorieuse dans les esprits et dans les cœurs.

Un roi peut, il est vrai, donner à mes serviteurs un morceau de pain pour vivre et prêcher mon Evangile; mais, s'il n'y a point de roi pour le leur donner, ils ne mourront pourtant pas de faim; car les peuples le leur donneront à défaut des rois, et peut-être plus généreusement et de meilleure grâce que beaucoup de rois.

Je donnerai au pauvre un cœur riche et royal, et il partagera son pain de la terre avec le ministre de ma parole, heureux de recevoir en échange le pain du ciel!

Je suis le Seigneur qui a créé le ciel et la terre, et je suffis à mes serviteurs. Je ne leur demande que des vertus et je leur promets des richesses, non celles que le monde convoite, mais celles qui sont au-dessus du monde, qui survivront au monde, et qu'aucune révolution ne pourra ravir à ceux qui en seront en possession, sous la sauvegarde de ma puissance et de mon amour.

Et le Seigneur parlant ainsi, un trône, deux trônes se sont écroulés, afin que l'on connût à tout jamais que Dieu n'a besoin que de lui-même pour vivre dans la mémoire et dans le cœur des peuples ; que son Eglise, qui est comme un autre lui-même, trouvera du pain sur la terre aussi long-temps que la terre produira du froment, du seigle ou de l'orge.

Chrétiens, nous serions indignes de ce grand nom, si cette confiance n'était implantée jusque dans le fond de nos entrailles. Seulement, craignons Dieu, aimons-le, servons-le de toute notre âme, et n'ayons devant sa face aucun Dieu étranger, aucune idole, soit d'or, soit d'argent, soit de chair, soit de gloire et de vanité, pour ne pas dire de plâtre et de boue.

Servons Dieu, Dieu nous servira. Mais si nous croyons, par un nouveau genre d'erreur, pouvoir nous passer de lui, de son Verbe et de son Esprit, des effusions de sa lumière et de sa charité ; si nous croyons que notre sagesse nous suffise pour bâtir un édifice parfait, que ce soit assez de notre amour du bien, abstrait, sans rapport à Dieu, pour construire une cité modèle, une cité solide, inébranlable, à l'épreuve du temps et des passions ; nous nous trompons, car il est écrit : *Si le Seigneur ne bâtit une maison, en vain auront travaillé ceux qui la construisent* (1).

Le ciel et la terre passeront, mais cette parole ne passera point (2).

----

(1) *Nisi Dominus ædificaverit domum, in vanum laboraverunt qui ædificant eam.* Ps. cxxvi. v. i.

(2) *Cœlum et terra transibunt, verba autem mea non præteribunt.* Evang. de S. Math., c. xxiv, v. 35.

CHAPITRE II.

DIEU, ET LEQUEL.

—

Comment ne serions-nous pas désabusés aujourd'hui de la vanité de tout travail auquel Dieu ne vient point en aide !

Mais quel Dieu ?

Il ne faut point ici se contenter d'un vague déisme : il faut adorer, pour parler le langage des livres saints, le Dieu d'Abraham, d'Isaac et de Jacob, le Dieu de la crèche et de la croix, le Dieu de Jérusalem et de Rome, le Dieu de l'Evangile et de l'Église.

Et pourquoi adorerais-je ce Dieu, ainsi spécifié et déterminé? pourquoi ne pas me contenter du Dieu de la nature ?

D'accord, mon frère, contentez-vous du Dieu de la nature ; mais comprenez bien quel il est, et ce qu'il exige de vous en fait de raisonnement et de mœurs.

Et d'abord, le Dieu de la nature veut que vous le connaissiez par ses œuvres.

Or, une de ses œuvres que vous voyez sans la voir surtout sans l'y voir lui-même, ouvrez les yeux, 'est l'Église !

Montrez-moi, s'il vous plaît, une République ou uc Monarchie de son âge (1) !

(1) L'Église tient de ces deux formes de gouvernement. C'est une République, car c'est une société de frères sur lesquels n'a de prise

On dit que le plus turbulent des gouvernements c'est le gouvernement républicain : et voilà que le plus paisible de tous, c'est le gouvernement républicain de l'Église. C'est incontestablement celui qui a le moins admis des passions et des agitations de la terre. Elle est de Dieu cette vaste République chrétienne qui a duré près de trois fois la vie de la République romaine, s'étendant bien plus loin que celle-ci sur la surface du globe.

On dit que la Monarchie la plus exposée à sa ruine, par suite des luttes de partis et d'ambitions qui se renouvellent à chaque vacance du trône, c'est la Monarchie élective : eh bien ! voici que, depuis dix-huit siècles, un roi de l'Eglise est élu chaque fois qu'un roi de l'Eglise meurt, et ce grand cri qui retentit d'un

que l'amour. La force n'est pour rien dans leur soumission, le cœur y est pour tout. Cela est si vrai que le chef ou le président de cette République sacrée s'intitule, en toute charité et humilité : *Servus servorum Dei :* « le serviteur des serviteurs de Dieu. »

Ajoutons : une espèce de souveraineté est reconnue au peuple et exercée par lui dans le témoignage qu'il est invité à rendre à l'aspirant au saint ministère ; de telle sorte que celui qu'il réprouve est en un sens réprouvé, comme celui qu'il honore de son suffrage est élu. Entendez, dans les ordinations, l'évêque demander au peuple représenté par l'archidiacre : *Scis illos dignos esse ?* « Savez-vous si ceux-ci (les ordinands) sont dignes ? N'est-ce pas là quelque chose du vote universel (*vox populi*), invoqué pour la représentation nationale de notre nouvelle République ?

Sous un autre aspect, l'Église est évidemment une Monarchie ; car elle a dans la personne du Pape, un roi visible, fondé de pouvoirs de Jésus-Christ, son roi invisible.

bout du monde à l'autre : Le pape est mort, vive le pape ! n'a pas fait défaut aux besoins du peuple chrétien dans tout ce temps-là, à travers toutes les dévastations de Rome et de l'univers qui ont rempli l'histoire de ces deux mille ans. Elle est de Dieu, mon frère, cette Monarchie toujours debout, tandis que toutes les autres croulent tour à tour dans la tombe.

Pour nous en tenir à un seul point de comparaison, qu'ont vu de leurs yeux nombre de Français vivants? Le bonnet de la liberté a rompu les fleurs de lis si vieilles sur notre sol ; l'aigle de Napoléon, d'un coup de bec, a fait voler ce bonnet sanglant ; le coq gaulois a lutté contre le roi des airs et l'a mis en fuite. Voilà pour les armes de la France, dans le court espace de soixante ans. Et dans la Monarchie chrétienne, depuis Jésus-Christ et saint Pierre, son représentant, c'est toujours la croix, cette croix sur laquelle le maître et le disciple sont morts ! Noble et magnifique bannière, tu as flotté plus loin que les aigles de l'ancienne Rome et celles de Napoléon n'ont porté leur vol sous les cieux !

Donc, mon frère, il faut adorer le Dieu de la croix, en le reconnaissant au miracle toujours subsistant de cette Monarchie millenaire, de cette République immortelle dont toutes les autres, quoi qu'elles fassent, ne seront jamais que les cadettes.

Et je le répète : il n'y a que celui qui a fondé la sienne si solidement qui puisse donner aux nôtres quelque force et quelque durée.

Electeurs français, partez de là pour fixer vos choix. Faites-vous représenter par des hommes de foi, de justice, de charité, qui portent Dieu dans leur cœur à notre assemblée constituante, à notre nouveau sénat. Sans quoi, tremblons tous pour les destinées d'une République qui aura banni Dieu, le Dieu véritable, de ses délibérations et de ses conseils!

CHAPITRE III.

DE LA DEVISE NATIONALE.

—

Un mot maintenant sur l'esprit républicain.

Cet esprit est essentiellement, comme l'enseigne l'admirable devise adoptée par la République française, un esprit de LIBERTÉ, D'ÉGALITÉ, DE FRATERNITÉ.

Gloire éternelle à celui qui le premier a conçu dans sa pensée, dans la pensée de son cœur, ces trois mots, plus beaux que la terre et toutes ses merveilles, plus beaux que le firmament et tous ses astres; car ils sont écrits en lettres d'or et d'amour dans le cœur même de Dieu, dans celui des anges et de tous les bienheureux citoyens du ciel!

C'est un grand peuple devant Dieu que celui qui a médité de fonder son gouvernement sur ces trois mots! Qu'elles sont pâles ces Républiques fameuses de l'antiquité qui ont usurpé une si grande place dans notre mémoire; ces Républiques de Sparte, d'Athènes, de Rome; qu'elles sont, dis-je, pâles et décolorées auprès de notre République chrétienne de France, toute radieuse de l'esprit de l'Évangile! Que nous laissons loin derrière nous ces vils éléments païens, en nous avançant, sous la lumière du Christ, à une République toute nouvelle, je dirais presque toute céleste, si nous ne faisons point défaut à notre admirable devise : LIBERTÉ, ÉGALITÉ, FRATERNITÉ !

Osait-elle prononcer ce mot sacré : LIBERTÉ, cette Sparte qui nourrissait à son service des troupeaux d'Ilotes, comme un vil bétail qu'on ne dételle de la charrue que pour le conduire à la boucherie (1)?

Et cette superbe Rome, qu'en dirons-nous? Le mot de liberté n'allait-il pas à ses lèvres comme celui de pudeur aux lèvres d'une prostituée? Pauvres esclaves! pauvres gladiateurs! se peut-il bien que vous ayez respiré l'air d'une République?

Je ne connais presque dans toute l'histoire romaine qu'un républicain, c'est Spartacus! Oui, *ce vil gladiateur*, pour parler comme ses misérables maîtres, avait une âme républicaine, une âme du genre de celles qui se dévouent aujourd'hui au triomphe de la liberté, lorsque, regardant le ciel et essayant la force de son bras, il disait au fond de son cœur : Nous aussi nous sommes hommes, quoique esclaves! Vivons ou mourons en hommes! Conquérons notre part de la liberté commune, ou descendons avec gloire dans le tombeau !

(1) Habitants d'Ilos, vaincus et réduits à perpétuité en esclavage par les Spartiates. Après s'en être servis comme de renfort dans une guerre, ces barbares républicains jugèrent expédient de se débarrasser d'une dette de reconnaissance en égorgeant les infortunés qui avaient combattu avec et pour eux.

Quel est aujourd'hui le républicain qui voudrait d'une République semblable à celle de Rome? Si jamais on a pu légitimement crier : à bas les priviléges! à bas l'aristocratie! n'est-ce pas en face de ces orgueilleux patriciens, de ces vaniteux chevaliers, servis par des hommes auxquels ils avaient retiré l'un des plus beaux dons du ciel à la terre, la liberté! pour la remplacer par quelque chose sorti de l'enfer, et qui s'appelait l'esclavage?

O noble et sainte République française! (je t'appelle ainsi, parce que je me plais à me figurer que tu seras chrétienne), noble et sainte République de France, tu n'auras de commun que le nom avec ces gouvernements despotiques, avec ces Républiques tyranniques qui ne connaissaient ni le vrai Dieu, ni son fils Jésus-Christ, le libérateur de l'humanité, le fondateur de la liberté sur la terre! Français, chrétiens par notre foi, nous le serons par nos œuvres, et nous porterons l'esprit de cette foi rédemptrice et libératrice dans nos institutions républicaines!

Mais pourrions-nous porter cet esprit chrétien ou républicain (c'est la même chose) dans nos institutions et nos lois, si nous ne commencions par le porter dans nos mœurs?

Voulons-nous donc sincèrement, en France, une République et une République viable? Il ne s'agit de rien moins que d'une espèce de grande et universelle conversion de l'esclavage à la liberté, de l'orgueil et de l'esprit de domination à l'esprit d'égalité, du froid et méprisable égoïsme et de toutes les passions haineuses à la douce et généreuse fraternité.

CHAPITRE IV.

LIBERTÉ.

—

LIBERTÉ! ô le beau mot! Quand Dieu eut créé le premier des esprits célestes, il écrivit au front de l'ange : LIBERTÉ ! Quand il eut formé cette royale créature qui devait le représenter sur la terre, il écrivit au front de l'homme : LIBERTÉ!

LIBERTÉ! c'est quelque chose de haut comme Dieu, de profond comme le cœur de l'homme, de vaste comme l'univers!

LIBERTÉ! c'est un attribut de Dieu, l'être souverainement libre.

Mais pourquoi Dieu est-il souverainement libre? Est-ce parce qu'il est souverainement fort et puissant, et que rien ne peut au dehors résister à sa volonté? Non, ce n'est pas là la principale raison de sa liberté. Il est parfaitement libre, parce qu'il n'est l'esclave, au-dedans, d'aucune mauvaise passion, parce qu'il est parfaitement bon, juste et saint, profondément ami de l'ordre.

Voulez-vous comprendre ceci par un exemple tiré de l'histoire d'hier? Quel homme plus esclave que ce pauvre roi qui naguères s'est fait huer par toute l'Europe pour l'amour d'une comédienne?

Jeunes hommes, qui criez d'une voix si forte et si chaude : Vive la liberté ! à Dieu ne plaise que je désapprouve ce cri généreux ! Je serais le premier à le pousser dans l'occasion ; mais mesurez toute l'étendue de la parole sainte qui sort de votre bouche ; mais voyez à quoi vous engage, d'après les lois de l'honneur, ce cri généreux.

Noblesse oblige, disait autrefois le vieux gentilhomme à son fils, et celui-ci, plus tard, le répétait à une autre génération. Jeunes républicains, changez la phrase, et dites : *Liberté oblige*.

Elle n'oblige pas seulement à faire le coup de feu devant l'ennemi, à marcher tête haute et poitrine en avant, au danger, à la mort. C'est une vertu que le courage guerrier ; mais qui ne l'a pas en France ? Où sont les lâches parmi nous à l'heure des combats ? S'il en est, ils cachent si bien la peur dans leur âme qu'il est impossible de la surprendre ! Ce qui est moins commun, jeunes gens, c'est le courage que tout un peuple demandait à grands cris à l'esclave couronné de Lola-Montès, le courage d'affranchir son âme !

Mais, me direz-vous, c'est de la morale que vous nous faites, et c'est de la liberté que nous demandons.

Et moi, je vous dis : point de liberté sans morale, point même de liberté civile. Vous tomberez tôt ou tard sous le joug du dehors si vous n'êtes libres audedans.

Qui veut de l'or ? Je lui en donnerai, dit un despote, un usurpateur, un tyran.

Un jeune voluptueux l'entend, et dit en lui-même : Avec de l'or, j'aurai du plaisir ; vendons-nous, corps et âme, à qui nous offre de l'or en échange de la liberté.

Et voilà comme tombent les Républiques!

Point de mœurs, point de liberté; point de liberté, point d'homme.

Tiens, voilà de la chair, mange. Autant on en dirait à la brute, autant à ces animaux renfermés dans nos ménageries.

Pour moi, j'aimerais mieux confier les intérêts de la patrie au dernier paysan, à l'âme noble et droite, au cœur pur, au corps chaste et sain, qu'au plus brillant de nos jeunes hommes, au plus intelligent de nos publicistes, au plus capable de nos hommes d'Etat, misérablement asservi aux passions, et parlant magnifiquement de la liberté, la chaîne au cou, le boulet au pied, espèce de forçat volontaire au bagne de la volupté!

Je serais honteux et humilié jusqu'au fond de mon âme républicaine en songeant que ce dernier a peut-être voté une loi française, discutée préalablement dans le boudoir d'une courtisane!

CHAPITRE V.

PAUVRETÉ.

Qu'est-ce encore qu'un homme libre comme la République française en réclame de toutes ses forces, parce qu'il y va de sa vie ou de sa mort que de nobles âmes planent au sommet de ses destinées?

Un homme libre, c'est un homme qui ne convoite

pas plus l'or pour l'or que l'or pour la volupté; c'est un homme qui a presque fait vœu, pour lui et pour les siens, d'une stoïque et chrétienne pauvreté.

Ah! mon Dieu! l'or ne devrait guère nous faire envie depuis que nous avons vu comme il affermit peu les trônes et les dynasties, comme un éclair le réduit en poudre, comme un souffle du ciel balaie vîte cette poussière avec ceux qui la possédaient!

On dit que l'or commande à la terre, c'est possible; mais le Ciel et la Providence commandent à l'or.

Et une paillette d'or se multiplie, par les soins de la Providence, le travail, l'ordre, l'économie et la charité.

Et un monceau d'or se dissipe par le luxe, le libertinage, l'absence de Dieu, le mépris des pauvres.

Electeurs républicains, si vous connaissez dans un homme la soif de l'or, ah de grâce! envoyez-le boire à une autre fontaine qu'à la vôtre.

Qu'il aille spéculer à la bourse ou ailleurs, si cela lui plaît; mais évitez-lui la tentation de spéculer sur les sueurs du pauvre laboureur en saisissant avidement les places qui pourraient tomber sous sa main dans sa carrièrede député.

Rien de plus anti-républicain que l'amour de l'or. L'Ecriture va plus loin et prononce hardiment : *Rien de plus odieux que l'avare.... Rien de plus inique que d'aimer l'argent : l'avare a une âme vénale* (1). C'est

(1) *Avaro autem nihil est scelestius.....*
Nihil est iniquius quàm amare pecuniam; hic enim et animam suam venalem habet. Ecclésiastique, c. x., v. 9, 10.

dire âme à vendre s'il se présente des acheteurs ; c'est-à-dire âme aux enchères s'il y a concurrence ; aujourd'hui pour la république, demain pour l'empire, après-demain pour la royauté ; mais jamais pour la justice sans profit, pour l'équité sans rétribution, encore moins pour le droit au péril de la fortune, pour l'honneur au détriment de la bourse. Répétons-le donc : Rien de plus anti-républicain que l'amour de l'or.

En effet, qui dit républicain ne dit-il pas homme à la chose publique, homme aux autres bien plus qu'à soi, homme de la nation, *gentis homo*, dont on a fait un mot plus frère qu'on ne le croirait d'abord de celui de républicain, *gentilhomme*.

Mais qui est moins tout cela qu'un homme d'argent, j'allais dire un homme de places, de places bien et dûment salariées ?

Oh ! qui nous donnera pour représentants des Cincinnatus, les mains faites au maniement de la charrue bien plus qu'à celui de l'or !

Si je connaissais dans quelque village un autre *paysan du Danube* (1), certes, il aurait ma voix pour la députation nationale, sous la seule condition qu'il ne changerait point d'habit à Paris, et qu'il montrerait noblement sa serge au milieu du luxe de la capitale !

Savez-vous, futurs députés, la première parole que je voudrais entendre tomber de la tribune répu-

(1) Voyez la fable de La Fontaine ainsi intitulée, vous y trouverez un député modèle.

blicaine ? C'est la première qui tomba de la bouche de Jésus-Christ, au commencement de sa vie publique. Ouvrez l'Évangile de saint Mathieu, en tête du sermon sur la montagne, vous trouverez en deux mots tout l'esprit d'une véritable république :

Beati pauperes spiritu, quoniam ipsorum est regnum cœlorum.

« Bienheureux les pauvres d'esprit et de cœur, parce que le royaume des cieux est à eux (1). »

Ce n'est pas là du communisme, c'est du christianisme, et c'est cet esprit de modération, de désintéressement, de pauvreté, qui fait vivre les Républiques ; l'esprit contraire les fait mourir.

Que celui qui a des oreilles pour entendre entende (2), surtout au grand jour où la France dira à ses élus : Vous êtes moi.

Honte à la France si ceux à qui elle le dira pouvaient se peser dans une balance de banque pour apprécier leur valeur !

Chrétiens, pourquoi dites-vous tout d'abord d'un homme que vous ne connaissez pas : Est-il riche ? Pourquoi ne dites-vous pas plutôt : Est il homme de bien ? Electeurs républicains, à vous de procéder de la sorte dans vos interrogations à l'égard de ceux qu'il s'agit d'élire.

Vous seriez bien lâches si vous disiez : Cet homme peut me rendre service, à lui ma voix. Ce n'est pas

(1) Evangile de saint Mathieu, c. v., v. 3.
(2) Evangile de saint Mathieu, c. xi, v. 15.

à vous, individu, qu'il est question de rendre service ; c'est à la chose publique, c'est à la société toute entière.

Voilà l'esprit républicain.

Assez long-temps nous avons gémi sous la tyrannie de l'or ; il est temps de détrôner le tyran, de le détrôner d'abord dans nos cœurs, et puis il sera facile de le détrôner dans nos lois.

Rappelons-nous la parole du Christ : « Personne ne peut servir deux maîtres, Dieu et l'argent (1). »

Personne non plus ne peut servir loyalement, noblement, généreusement, la République et l'argent, la justice et l'or, la patrie et sa bourse.

Vrais républicains, il faut opter entre ces deux maîtres.

Fais ce que dois, advienne que pourra.

C'était, je crois, la devise d'une ancienne maison de France, et aujourd'hui que tout Français est devenu noble, en se déclarant son propre souverain et en prouvant sa souveraineté, il faut que cette devise ne soit plus celle d'une famille, mais celle de toutes.

Il faut que tout père apprenne à son enfant, sur ses genoux, cette parole chrétienne et républicaine tout à la fois : *Fais ce que dois, advienne que pourra.*

Écoutons l'admirable exhortation du vieillard Tobie à son fils, au moment où il se croyait près de mourir :
« Ne craignez point, mon fils, nous menons, il est vrai,
» une vie pauvre ; mais nous aurons de grandes ri-

____

(1) *Non potestis Deo servire et mammonæ.* Évangile de saint Luc, c. XVI, v. 13.

» chesses si nous craignons Dieu, si nous nous reti-
» rons de tout péché et faisons le bien (1). »

Or, souvenons-nous que ce Tobie était le modèle des âmes dévouées à leur patrie ; que, dans l'exil de Ninive, il ne soupirait que pour sa chère Jérusalem ; qu'il passait les nuits à ensevelir les corps des Israélites, ses frères, immolés par leurs ennemis, et cela malgré la défense du roi de Ninive, et au péril de sa liberté ou de sa vie.

Républicains français, allez vous former, vous et vos fils, à l'école du vieillard Tobie, école pieuse et patriotique où vous apprendrez la grandeur de la pauvreté acceptée pour Dieu, pour le bien public, pour l'ordre sur la terre et pour la gloire dans le ciel.

CHAPITRE VI.

HUMILITÉ.

—

HUMILITÉ! ce mot-là va déplaire à quelques-uns autant qu'à d'autres celui de pauvreté.

Celui-ci, diront-ils, nous prend-il pour des moines qu'il vienne nous prêcher l'humilité?

Non, je vous prends pour des républicains, et c'est pour cela que je vous dis : soyez humbles, modestes,

(1) Tobie, c. IV, v. 23.

retirés à l'écart lorsque la République n'a pas besoin de vos services.

Car les fléaux des Républiques comme les fléaux de la terre, ce sont les superbes. Ce sont ceux-là qui saisissent la liberté à la gorge, quand ils le peuvent, et la renversent, et l'enchaînent, et la foulent ignominieusement sous leurs pieds : interrogez sur ce point César et Napoléon.

Vous aurez beau dire et vous révolter, l'Évangile est bon à tous, et sa morale s'applique aux Républiques comme aux monastères, aux citoyens comme aux religieux.

Cette morale est descendue du ciel, douce, humble, charitable, bienfaisante, pour éclairer la terre, pour la consoler, pour la rendre heureuse, autant qu'il se peut, à la suite du péché d'Adam, et, après avoir embrassé dans sa lumière et dans son amour toutes les nations de la terre, elle remontera triomphante au ciel, pour y marquer de son sceau divin la béatitude éternelle des anges et des bienheureux.

Mon frère, si vous ne voulez pas de l'humilité vous ne voulez pas du bonheur, soit en ce monde, soit en l'autre.

Républicains, si vous rayez du catalogue de vos devoirs l'humilité et la modestie, le feu aura bientôt pris aux quatre coins de la république, et il n'y a pas de feu plus dévorant que l'orgueil.

Si donc, électeurs, vous connaissez un homme humble, craignant Dieu, aimant la retraite et l'obscurité, ne se produisant au dehors que comme par force, vous pouvez l'élire avec confiance : celui-là n'intriguera point, ne cabalera point pour arriver aux honneurs de la république, et il ne vous vendra pas pour un emploi brillant, pour un poste élevé, lui qui n'aime qu'à descendre et à se cacher.

Notre siècle a fourni un grand exemple de ces hommes rares, si précieux pour les Républiques, dans la personne du général Drouot, ce premier officier d'artillerie de l'Europe et du monde, l'un des courtisans de Napoléon, non pas aux Tuileries, mais à l'île d'Elbe, et qui a passé les trente dernières années de sa vie, volontairement, par goût et par vertu, dans une obscurité si profonde qu'il n'était, pour ainsi dire, plus connu que de Dieu, des pauvres et de l'église de sa paroisse.

Electeurs, si vous connaissez son pareil ne l'oubliez pas.

Rappelez-vous ce vers de je ne sais quel poète :

Le mérite se cache, il faut l'aller chercher.

Encore une fois, faites-vous représenter par des hommes libres, et vous n'en trouverez de tels que parmi les hommes humbles et modestes. Les autres sont pour le moins esclaves de l'orgueil, et ce maître ne marche pas seul, il a bonne escorte avec lui.

Nous autres, chrétiens, nous ne craignons pas de prier, même en public ; nous n'avons pas peur qu'on nous montre au doigt, si nous le faisons, et nous devons quelquefois le faire pour rendre gloire à Dieu devant les hommes : c'est pourquoi je terminerai ce chapitre par une prière.

Rira qui voudra, mais certes ne rira pas un homme sensé, qui sait que de la terre au ciel il y a un chemin, et que ce chemin n'existe que pour correspondre avec Dieu.

PRIÈRE.

Père saint, créateur des mondes, de l'ordre et de l'harmonie, nous vous demandons une grâce afin que l'ordre règne dans notre patrie, que la grande harmonie des cœurs s'établisse ou se perfectionne entre les citoyens de cette République chrétienne.

Cette grâce, ô Père! c'est celle que Jésus-Christ, votre fils, a portée soigneusement dans son cœur, quand il est venu sur la terre pour la répandre en son temps dans les âmes aptes à la recevoir.

« Apprenez-de moi, nous a-t-il dit, que je suis doux » et humble de cœur, et vous trouverez le repos de » vos âmes (1). »

Et nous trouverons aussi dans ces vertus le repos des sociétés humaines : nous ne le trouverons même que là.

L'orgueil perdrait tout, l'humilité conservera tout.

Elle conservera la paix, l'harmonie, le bonheur du ciel : comment ne conserverait-elle pas la paix et l'harmonie de la terre ?

_____

(1) *Discite à me, quia mitis sum et humilis corde ; et invenietis requiem animabus vestris.*

(Évangile de S. Matthieu, c. XI, v. 29.)

Père saint, délivrez-nous donc de l'orgueil de la vie : *A superbiâ vitæ, libera nos, Domine.*

Que tout Français appelé à l'honneur de représenter ses frères entre dans la solennelle assemblée des élus de la nation, confus d'un tel honneur, s'en croyant indigne, et y portant avant tout une humble défiance de ses lumières, qui seront bien pâles, ô mon Dieu ! si vous n'y joignez les vôtres.

Qu'il se souvienne, en travaillant à l'édifice de nos institutions sociales, de la parole de votre Fils : « Sans moi vous ne pouvez rien faire (1). »

Qu'il s'en souvienne pour lever les yeux au ciel avant de parler, avant de prononcer un *oui* ou un *non*, d'où dépendent quelquefois, soit la vertu, soit le bonheur des générations.

O mon Dieu ! délivrez nos assemblées législatives de ces hommes remplis d'eux-mêmes, qui croient pouvoir se passer de la lumière de votre soleil, tant ils sont confiants en cette ténébreuse lumière qu'on appelle la raison humaine !

Donnez-nous des législateurs qui, comme votre Moïse, se retirent de temps en temps sur la montagne pour y converser avec vous dans le silence de la prière.

La piété faisait l'ornement des anciennes Républiques païennes et de leurs législateurs. La Rome républicaine honorait profondément ses faux dieux,

____

(1) *Sine me nihil potestis facere.*

(Evangile de S. Jean, c. XV, v. 5.)

par cela seul qu'elle ne croyait pas que l'homme fût à
la tête de l'univers, n'ayant rien au-dessus de lui.
Notre France républicaine serait-elle moins respec-
tueuse, moins religieuse envers le vrai Dieu? et
l'orgueil nous emporterait-il jusqu'à croire que nous
saurons bien faire sans vous, Dieu créateur et conser-
vateur, ce qui nous est salutaire et bon?

A superbiâ vitæ, libera nos, Domine.

VII.

LIBERTÉ D'APPRENDRE LA LIBERTÉ.

—

Mais toutes ces libertés dont nous venons de parler,
liberté à l'égard de la tyrannie des passions, liberté à
l'égard de la tyrannie de l'or, liberté à l'égard de la
tyrannie de l'orgueil, il les faut apprendre, et, généralement parlant, apprendre de bonne heure, sous
peine de les ignorer toujours.

Et qui est-ce qui enseigne la liberté?

C'est la religion du Christ, c'est le Christ lui-même,
c'est son Eglise.

Cherchez tant que vous voudrez des hommes libres, libres du triple esclavage de la chair, de l'or
et de la vaine gloire, vous ne les trouverez qu'au
pied de la crèche de Jésus-Christ, ou au pied de sa
croix.

Lors même que vous rencontrez, dans le temps présent, des hommes dominant le corps, dominant l'or, dominant même (ce qui est plus rare) les vains honneurs et la vaine gloire, et avec cela dédaignant la foi chrétienne , secouant hautement le joug divin de l'Eglise; quand ils vous disent qu'ils se sont faits eux-mêmes, ces hommes-là, qu'ils ne doivent qu'à leur raison et à la noblesse naturelle de leurs sentiments d'être ce qu'ils sont, ne les croyez pas sur parole ; ils vous trompent, ils se trompent.

Jésus-Christ, son Evangile et son Eglise, sont pour plus qu'ils ne pensent dans leur mépris généreux des voluptés, de l'or, des honneurs, dans ce qu'ils appellent leur philosophie.

Leur philosophie! c'est une parcelle du christianisme.

Leur philosophie! c'est une page de leur catéchisme.

Eh bien donc ! qu'il soit permis à Jésus-Christ de circuler librement dans la République française ; il n'y donnera pas de mauvais conseils, soyez-en sûrs.

Qu'il puisse s'entretenir familièrement et tout à son aise avec les enfants et les jeunes hommes de la république ; ceux-ci n'en vaudront pas moins sous tous les rapports ; ils n'en seront que meilleurs et plus dévoués citoyens.

Et à nous, liberté d'apprendre à son école ou à ses écoles, la liberté, et toute la liberté, la liberté morale, seule véritable garantie de la liberté civile !

Il y a par le monde une *Compagnie de Jésus* qui a parlé de lui à toute la terre, et qui en parle encore, à la suite de François-Xavier, l'un des siens, jusqu'au fond de l'Inde et jusqu'aux *montagnes rocheuses* de l'Amérique.

Et par le monde, cette *compagnie* a rencontré des hommes qui naguères l'ont assaillie , comme une bande armée se jetant sur d'honnêtes gens, pour lui couper, sinon la gorge, du moins la langue , qui parlait de Jésus-Christ à la jeunesse et à l'enfance.

C'est en Suisse , chez les nobles enfants de Guillaume Tell, que cette sorte d'assassinat spirituel s'est commis, à la grande douleur des bons et au grand scandale de la liberté !

Républicains français, vous avez à réparer cette sanglante et monstrueuse iniquité, qui n'est pas le fait des républicains suisses , mais de faux frères indignes de ce grand nom !

Vous qui marchez en tête de la civilisation morale sur notre globe, apprenez à vos contemporains de toute langue et de tout pays, que dis-je? à toutes les générations futures, comme il faut entendre ce mot : *liberté*, et cette chose : la *République!*

Tant qu'un *jésuite*, tranchons le mot, n'aura pas comme un autre, en France, la liberté de lever école pour enseigner Jésus-Christ, Français, vous ne serez pas véritablement libres; vous serez esclaves des préjugés, du mensonge et de l'imposture ; vous serez sous l'oppression de ce qu'il y a de pires tyrans dans ce monde, les faux philosophes, les faux libéraux, les ennemis de la croix du Christ et de son Evangile éternel!

Nous voulons bien, vous disent ceux-ci, Jésus-Christ, mais nous ne voulons pas des jésuites pour nous l'enseigner; ils nous l'enseigneraient mal, ils nous interpréteraient l'Evangile au rebours de la vérité; ils en feraient sortir pour nous et pour nos enfants, non la liberté, mais la servitude.

Paroles spécieuses, mais dont, certes, ne se paie pas un ami de la vérité et du bien. Sans doute Pie IX, le chef de l'Eglise, sait comment il faut enseigner Jésus-Christ et interpréter l'Evangile; sans doute il se connaît en liberté sage et bonne, ce pape qui s'en est montré si prodigue envers ses sujets; eh bien! il défend de toutes ses forces les jésuites dans ses états. Les protégerait-il ainsi à ses risques et périls, s'il avait reconnu dans eux des apôtres de la servitude, lui, l'apôtre de la liberté?

Hommes intrépides et généreux qui avez fait et non exploité (deux choses infiniment différentes) la dernière révolution, ne l'avez-vous pas faite au profit de tous, au profit de la terre et du ciel, au bénéfice de la justice dans sa plus vaste acception, dans sa généralité la plus noble, la plus haute, la plus sublime?

Avez-vous donné votre sang autrement que comme le soleil donne sa lumière et sa chaleur, à l'immensité, s'il était possible?

La gloire du Christ, c'est d'être mort, non pour quelques-uns seulement, mais pour tous; la gloire d'un chrétien, exposant sa vie ou la donnant pour le bien public, ne doit-elle pas avoir un rapport, au moins éloigné, avec celle de ce grand Sauveur?

Cependant, si l'on venait à corrompre la révolution de février comme celle de juillet, il y a un Dieu dans le ciel, nous le prierions, et il pourrait bien, à notre prière, éclaircir de nouveau le ciel d'un coup de foudre, et balayer de nouveau la terre du souffle de sa tempête !

Mais, mon Dieu, que viens-je d'écrire ? Est-ce le moment de menacer de vos colères quand tout semble nous annoncer vos miséricordes ?

O mon Dieu ! n'ayez plus besoin de tonner ! que le ciel se montre constamment calme, la terre se montrant constamment juste !

Que toute langue humaine puisse apprendre à vous connaître, vous et Jésus-Christ votre fils, vous et vos justices, vous et vos bontés, vous et les mystères de votre amour !

Qu'il n'y ait plus d'entraves à l'Evangile, à l'enseignement de l'Evangile, n'importe par quelle bouche il soit enseigné, pourvu qu'il le soit dans la vérité !

« Et plût à Dieu que tous prophétisassent, » disait autrefois Moïse à quelques-uns qui ne croyaient devoir supporter d'autres prophètes que lui (1) !

Laissez donc s'élever en Israël autant de voix enseignant et louant Dieu que Dieu même en voudra former.

Gouvernement républicain, surveillez tout enseignement public, afin qu'il ne mette en danger ni nos institutions ni nos mœurs, à la bonne heure ; mais ne commencez point par dire à un homme : Tu portes

______

(1) *Quis tribuat ut omnis populus prophetet, et det eis Dominus spiritum suum.*

(Nombres, c. XI, v. 29.)

un nom qui ne me plaît pas, tu parlerais mal, je te défends de parler.

Une telle façon d'agir pouvait aller à des Tibère, à des Néron, à des Domitien, ou, si vous voulez, aux anciens sultans de Constantinople, ou même à un homme que nous avons connu, et dont je ne veux pas remuer la poussière, par égard pour sa gloire; mais à un républicain jamais, non, jamais!

VIII.

DE LA COMPAGNIE DE JÉSUS.

—

J'ai besoin de revenir et d'insister sur cette liberté pour tous, même pour les *Jésuites :* heureux s'il m'était donné de faire tomber une seule de tant d'injustes préventions contre eux, et, par suite, tant de despotiques barrières élevées devant l'enseignement libre !

Un mot d'abord sur l'homme qui fonda la *compagnie de Jésus.*

Il y avait un Espagnol du nom d'Ignace de Loyola, qui avait fait la guerre en bon et loyal chevalier, et en intrépide soldat. On lui a sottement reproché de s'être battu contre les Français, comme si c'était un crime de porter les armes pour la cause de son pays envers et contre tous, même envers la France.

Ignace, blessé sur la brèche au siége de Pampelune, sous le règne de François Ier, vient à lire, pendant sa maladie, quelques livres pieux, faute d'autres. Il pense, il pense encore, il en a le temps durant sa convalescence, et de cette pensée profonde sort enfin sa conversion.

Mais lui, soldat, lui, chevalier, aspirant sans doute aux premiers honneurs de la guerre pendant que le monde possédait son cœur, en se donnant à Dieu, ne cessa pas de rêver de grandes choses, de grands combats, de grandes victoires; que dis-je? il rêva des conquêtes immenses qui ne seraient jamais entrées dans la tête d'un simple officier, et qui apparurent au guerrier converti, comme le nouveau monde apparut, à la même époque, à Christophe Colomb dans ses méditations solitaires.

Au profit de qui ces conquêtes? non pas au profit de lui, Ignace, mais au profit de Jésus-Christ, son nouveau roi, son nouveau maître, l'amour et la passion de son cœur.

Et donc, formons une armée, levons des troupes, *exerçons-les*; et voilà la *compagnie de Jésus*, et voilà ces *exercices* de saint Ignace dont il a plu à de gentils esprits de notre époque de s'amuser.

Riez bien, Messieurs : *ces exercices*, ce traité de tactique militaire à l'usage des soldats du Christ, a formé des phalanges plus invincibles que celles d'Alexandre, des légions plus redoutables que celles de César, une grande armée plus durable que celle de Napoléon, car elle se recrute encore tous les jours sous la mitraille de l'ennemi.

Que l'armée d'Ignace ait eu de l'ambition, qu'elle en ait encore à l'heure qu'il est, je suis loin d'en disconvenir ; mais la République française n'en a-t-elle point ? Ne voudrait-elle pas, s'il était possible, couvrir toute la terre de sa lumière et de ses bienfaits ? Mais où sont les grandes âmes sans grands désirs ? Il suffit que ces grands désirs se portent au bien pour que la société n'ait rien à craindre de telles ambitions, pour que, au contraire, elle doive les encourager, et s'applaudir même de leurs succès, car ils sont ceux de la société toute entière.

Ignace eut un fils digne de son père, héritier de toute son ambition pour la plus grande gloire de Dieu et le plus grand salut de la terre. Espagne, glorifie-toi encore de ce héros, de ce conquérant, ne demande pas lequel : les Indes, le Japon, l'Asie, l'Univers ont nommé François Xavier !

Celui-là aussi avait un noble sang dans les veines ; car il a appris à quinze ou dix-huit cent mille Japonais à mourir pour la liberté de leurs âmes (1)!

Et voilà un échantillon de ces hommes appelés *Jésuites*, contre lesquels se sont ameutées tant de haines, depuis celle du *Juif-Errant* (2) jusqu'à celle des *radicaux Suisses* !

Il convient peut-être de venir au-devant d'une objection. Mais les Jésuites ne sont plus de notre temps : c'étaient les hommes de la monarchie, il nous faut des hommes de la République ; c'étaient les amis des rois,

______

(1) Voyez l'*Histoire des persécutions du Christianisme dans le Japon.*

(2) Roman de l'époque dont l'auteur a droit à bien des prières, car il est à plaindre !

et nous ne voulons plus des rois, ni par conséquent de leurs amis.

Citoyen, je conviens de ce que vous dites. Aussi long-temps que Dieu a voulu se servir des rois pour le gouvernement des peuples, les Jésuites, amis de Dieu, ont voulu ce que Dieu voulait. Si donc maintenant Dieu ne veut plus des rois, en vertu du même principe les Jésuites n'en veulent pas davantage.

Mais après tout, sont-ils tant payés pour aimer les rois, malgré la réprobation des rois par les peuples, malgré les destitutions de monarques de par le Monarque suprême?

Certes, en aimant une dynastie déchue, ils ont fait preuve, non de servilisme, mais bien de générosité chrétienne, mais bien de pardon des injures!

A deux reprises un roi de France les a supprimés autant qu'il était en lui; la première fois, le lâche et voluptueux Louis XV; la seconde fois, le faible et timide Charles X.

Mais un disciple de Jésus-Christ sait-il en vouloir? Sait-il se venger? Il ne sait que pardonner et aimer.

Gloire donc aux Jésuites, comme à Jésus-Christ, leur divin modèle aussi bien que leur divin chef!

Tel père, tels fils; en succombant sous les coups de leurs ennemis, ils n'ont eu d'autre parole à la bouche que celle du Sauveur mourant : « Père, pardonnez-leur, car ils ne savent ce qu'ils font (1). »

Nobles et magnanimes victimes des cabales des

______

(1) *Jesus autem dicebat : Pater, dimitte illis; non enim sciunt quid faciunt.* (Evang. selon S. Luc, c. XXIII, v. 34.)

cours, des intrigues des courtisanes royales (1), de la faiblesse ou de l'iniquité des rois, de la perfidie et des manœuvres souterraines des ennemis du Christ et de son Église, espérons que vous serez plus équitablement traités par les Républiques que par les monarchies, par les peuples que par les rois.

Mais, ô peuples! ne vous en laissez point imposer par la calomnie : prenez les hommes à l'essai, vous êtes assez forts pour les briser, s'ils le méritent, et assez clairvoyants pour les arrêter à propos dans leurs mauvaises tendances, s'ils tendaient au mal, comme leurs ennemis le prétendent.

République française, tu veux l'instruction pour tous, mais sans doute tu la veux bonne : essaie qui donnera la meilleure.

République française, tu veux l'instruction pour tous; mais, dans l'état de tes finances, tu dois la vouloir la plus économique pour toi aussi bien que la meilleure pour tous : essaie qui la donnera à meilleur marché.

Moins elle te coûtera, plus facilement tu la répandras dans tout le corps social.

Nations, soyez attentives! selon la volonté de la République française, le soleil va se lever plus radieux et plus pur sur le monde des intelligences, ou s'éclipser sous les ténébreux nuages d'une malveillance antichrétienne, d'une cupidité qui voudrait tout pour

____

(1) On sait que la marquise de Pompadour ne fut pas étrangère aux manœuvres du duc de Choiseuil pour la suppression de la *Compagnie de Jésus*.

elle, d'un orgueil qui aurait peur de se voir humilié par la libre concurrence.

IX.

INSTRUCTION, ÉDUCATION.

Qu'on me pardonne si j'ai trop parlé des jésuites; mais l'injustice dont ils sont victimes depuis une vingtaine d'années crie vengeance, et je n'ai pu m'empêcher de montrer au doigt cette iniquité royale ou ministérielle, comme vous voudrez, afin qu'elle ne devînt pas une iniquité nationale par la confirmation expresse ou tacite de la déplorable ordonnance de 1828.

Sous une République, quel citoyen généreux peut voir opprimer son frère sans prendre sa défense, et crier de toutes ses forces : à la tyrannie!

Dans une société qui a quelque pudeur et quelque noblesse, qui peut entendre une calomnie sans crier de toute son âme : au secours de la vérité et de l'innocence!

Mais passons à une question d'un intérêt plus universel.

L'instruction! l'instruction! entendons-nous de tous côtés; et personne, ou presque personne ne parle d'éducation.

Comprenons donc une bonne fois que la science seule sans la morale ne va le plus souvent qu'à enfler et pervertir l'âme ; que généralement, de même qu'il suffit à l'homme d'un peu de pain matériel pour la vie du corps, et même pour sa force et pour sa beauté, il lui suffit pour la vie de l'âme d'un peu de pain spirituel, c'est-à-dire de l'instruction la plus simple et la plus modeste, pourvu qu'elle soit saine et bonne.

Voyez ce jeune garçon de village, fort comme le taureau qu'il attelle à sa charrue, frais et rose comme l'aurore qu'il devance chaque matin au travail. De quoi vit-il pour être si vigoureux et si beau ? D'un grossier pain de seigle, d'orge ou de froment détrempé dans de l'eau salée, ce qu'on appelle vulgairement *soupe*, de quelques pommes de terre, et peut-être d'un peu de laitage. Que lui donnerait de plus, en santé, en force, la table exquise d'un riche du monde ?

Voyez de même ce bel enfant de quatorze, quinze ou seize ans, qui a fait à douze sa première communion, qui va à confesse quatre ou cinq fois l'an, et s'approche autant de fois de la table sainte : un curé plein de zèle, un instituteur intelligent lui ont appris, non-seulement la lettre de son catéchisme, mais l'esprit caché sous la lettre. Il sait et croit fermement qu'il y a dans le ciel un Dieu juste et bon, après cette vie une autre où les bonnes œuvres auront leur récompense comme les mauvaises leur châtiment. Les commandements de Dieu lui sont connus ; on lui a appris qu'il valait mieux mourir que de les violer ; il les porte donc gravés dans son cœur encore plus que dans sa mémoire. On lui a appris à dire chaque matin :

« Puisque vous ne recevez point, ô mon Dieu! au nombre de vos enfants ceux qui ne veulent pas reconnaître la sainte Eglise pour leur mère, faites que j'écoute sa voix comme la vôtre. » Les prescriptions de l'Eglise lui sont donc sacrées, et, comme ce vénérable Eléazar de l'ancienne loi (1), il aurait le courage de repousser avec une sainte indignation un aliment défendu, aux jours où l'Église commande aux siens cette pratique de pénitence.

J'avoue que ce charmant adolescent, le front rouge de pudeur, la modestie peinte sur le visage, volant au-devant de la volonté de son père, vénérant et aimant sa mère comme la plus aimable création de la bonté divine et sa plus touchante image ; j'avoue, dis-je, que celui-ci ignore complètement s'il y eut jamais une République romaine, combien de rois ont régné sur la France, en combien de provinces elle se divisait autrefois, en combien de départements elle se partage aujourd'hui ; que ses connaissances en mathématiques ne vont pas loin, qu'il sait compter le

(1) Le roi Antiochus, voulant arracher les Juifs à leur religion, ordonna qu'on les contraignît à manger des viandes interdites par la loi divine. Un honorable vieillard, nommé Eléazar, excitant, dit l'Ecriture, une *inique commisération* parmi les gens du roi (INIQUA MISERATIONE COMMOTI : Remarquable expression !) On lui proposa secrètement de simuler l'obéissance aux édits royaux en se laissant apporter des viandes permises, qu'on ferait passer pour des défendues : à quoi le noble vieillard répondit : « Plutôt la mort que cette feinte lâche et déshonorante !... » Et la mort suivit, en effet, avec l'immortalité de ce monde et celle de l'autre. (Voyez le IIe livre des Machabées, ch. VI.)

nombre de ses brebis, voilà tout ; qu'il n'a jamais fait d'autre dessin linéaire que quelques figures sur le sable du ruisseau : mais qu'importe? tout cela n'est nécessaire ni pour sa position sociale, ni pour sa vertu, ni pour son bonheur de la vie présente, ni pour celui de la vie future.

Ne tenons donc pas absolument à faire de tous les Français autant de savants ou d'hommes de lettres : tenons plutôt à en faire des hommes de probité, d'honneur, de foi, d'espérance et de charité. Avec ces choses ils iront au ciel, et ne dépareront pas la terre en la traversant.

Sans doute, il est à désirer que chaque intelligence reçoive la culture dont elle est capable; mais malheur à l'enfant dont on ne cultivera que l'esprit, laissant l'âme et le cœur en friche !

Allez visiter les prisons, les maisons centrales, les bagnes : les hommes instruits, hélas ! n'y sont pas très-rares ; et plus d'un parmi eux a peut-être assez de bon sens pour dire : Les leçons chrétiennes d'une bonne mère et d'un bon curé m'auraient mieux valu, au commencement de la vie, que toute mon instruction de collége, brillante de science, pâle de vertu.

C'est donc de l'éducation qu'il faut à l'homme encore plus que de l'instruction. Il faut *l'élever* encore plus que *l'instruire*. Il ne faut lui donner l'instruction qu'avec la règle qui lui apprend à en faire un bon usage.

Les anciens avaient mis des divinités en tête des sciences et des arts : avis aux modernes. Mettons, nous aussi, non pas des dieux, nous n'en avons qu'un, mais ce Dieu unique en tête de l'éducation comme il est en tête de l'univers.

On a dit, sans doute pour exprimer l'impartialité de la législation à l'égard de tous les cultes : « La loi est athée. » Je cède volontiers à un autre la gloire de ce principe ; pour moi, j'aurais été plus enclin à dire : « La loi est théiste, » si je n'avais pas eu la liberté de dire : « La loi est chrétienne. » Quoi qu'il en soit de la loi, athée, théiste ou chrétienne, au moins qu'on n'ait pas l'impudeur de contester à l'éducation qu'elle est et qu'elle doit être avant tout croyante. Si elle n'apprend pas à l'homme à connaître Dieu, à l'aimer et à le servir, à craindre ses jugements, à se soumettre à ses volontés, à espérer de lui des biens au-dessus de ceux de la terre, elle ferait mieux de passer son temps à dresser des chevaux qu'à former des hommes...

Ces chevaux dressés seraient utiles à la société, ils éviteraient des fractures de jambe, de bras ou de tête ; tandis que ces enfants sans foi, ces jeunes hommes sans Dieu seraient le plus funeste présent qu'on pût faire à la patrie, et précipiteraient l'ordre social dans des abîmes.

Républicains français, pensez-y, et si vous voulez une éducation nationale, faites qu'elle soit essentiellement religieuse.

Faut-il vous le rappeler en passant ? la religion est la sauvegarde des mœurs, et les mœurs sont la sauvegarde de la République.

Mais je ne vois qu'une religion au monde qui ait le talent et la force de former ou de conserver les mœurs ;

c'est la religion chrétienne. Si j'ajoutais : c'est la religion catholique, quelques-uns me trouveraient trop exclusif; épargnons-nous ce reproche.

On me dira qu'elle n'y réussit pas toujours, et que ceux qui la pratiquent ne sont pas constamment exemplaires à cet égard.

Et la République a-t-elle toujours réussi à former des républicains sans tache? Et ceux qui crient : Vive la liberté! n'ont-ils jamais opprimé leurs frères?

Tout ce que l'homme touche il peut le ternir, car il n'a pas toujours les mains pures.

Il suffit que le Christianisme, surtout le Christianisme catholique, ait en lui tout ce qui peut le plus efficacement contribuer à la pureté des mœurs pour que j'aie droit de le recommander à la sympathie des vrais républicains; et je prouve qu'il l'a en effet.

Quand on demande à l'homme un sacrifice, il faut le payer, et le payer à sa valeur, avec une monnaie ou l'autre. Généralement, on ne fait rien pour rien : seulement, les uns se paient avec de l'or et les autres avec du cuivre.

Cela posé, vous demandez à un jeune homme la chasteté, c'est un sacrifice, un grand sacrifice pour quelques-uns; payez-le donc à sa valeur.

Or, je ne vois que les voluptés du ciel qui puissent dignement payer le sacrifice des voluptés de la terre.

Parlez donc à ce jeune homme du ciel, et parlez-lui-en vivement, chaudement et non froidement, si vous voulez qu'il soit chaste.

Mais pour lui en parler de la sorte, il faut avoir dans l'esprit autre chose qu'une froide théorie de l'immortalité de l'âme ; il faut avoir dans le cœur la foi ardente en une autre vie.

Il faut vivre soi-même dans la chasteté pour la bien prêcher ; il faut chaque jour méditer sérieusement la vie future pour en bien parler.

Et il n'y a que les vrais disciples de Jésus-Christ qui en soient là ; les autres sont plus ou moins de beaux diseurs qui frappent l'oreille d'agréables sons, et c'est tout.

Jamais les simples rhéteurs ne feront autre chose que de belles dissertations sur la spiritualité et l'immortalité de l'âme ; jamais des académiciens sans foi ne feront un jeune homme chaste, jamais, par conséquent, ils ne feront un républicain.

Mais ce chrétien, ferme dans sa foi, pur dans ses mœurs, célibataire chaste ou père de famille exemplaire, pourra en faire.

Mais ce prêtre qui vit tout dans un avenir éternel, et qui sait y faire vivre les autres, pourra en faire.

Mais ce religieux dont la vie s'écoule sous l'œil de Dieu, limpide comme l'azur du ciel, et qui s'est volontairement soumis, pour être libre d'une liberté immense, au triple joug de la pauvreté, de la chasteté, de l'obéissance, il pourra devenir le père d'une génération sainte et pure comme lui-même.

Hommes d'intelligence et de bonne foi qui aurez lu ceci, pensez, pesez, jugez et condamnez-moi si vous l'osez... Mais non, vous penserez comme moi.

X.

UN DERNIER MOT.

—

Je sais qu'il en est qui attachent peu d'importance à la chasteté, qui lui préfèrent infiniment la science : ceux-là, je les plains, et tout ce que j'en puis dire, c'est que je ne voudrais pas habiter leur République ; je me croirais dans un mauvais lieu....

XI.

DE L'UNIVERSITÉ.

—

Que pensez-vous, après tout ce que vous venez de dire, de l'Université?

—Ce que j'en pense, c'est que, si elle me laisse libre, je lui rends la pareille, et la laisse libre aussi.

—Mais encore....

—Encore, c'est qu'elle possède trop d'hommes de mérite, d'honneur et même de foi pour qu'il me soit permis de voter sa mort, moi qui, pour tout au monde, et pour ma vie même, ne voterais celle de personne !

Je ne lui demande donc que de laisser vivre les autres, y compris même les *jésuites*, hommes et citoyens comme vous et moi.

— Est-ce tout?

— Non, j'ai quelque chose encore sur le cœur et je ne l'y saurais garder, ce n'est pas dans mon caractère : le voici :

A-t-on jamais demandé à MM. de l'université s'ils étaient *francs-maçons* ou *carbonari*, avant de les admettre à l'enseignement?

— Non.

— Eh bien donc, pourquoi exiger d'un pauvre prêtre qui ne vous fait pas de mal, qu'il vous révèle préalablement un secret semblable de sa vie privée, à savoir, s'il est ou n'est pas Jésuite, avant de lui permettre d'ouvrir la bouche pour enseigner?

ÉGALITÉ entre vous et votre prochain, MM. de l'université, et sans arrière-pensée nous serons d'accord ; peut-être même, déposant de part et d'autre quelques sentiments d'éloignement et de défiance, en viendrons-nous à fraterniser en Dieu et en J.-C., avec une cordialité qu'on ne saurait assez souhaiter.

J'ai prononcé le mot *Egalité*, venons-y.

XII.

DE L'ÉGALITÉ.

———

Oh ! comme mon cœur se dilate, moi un peu fier, en pensant que nous sommes égaux devant la loi et la République comme devant Dieu !

J'ai dit : moi un peu fier ; je n'aurais peut-être pas osé dire : un peu orgueilleux : l'orgueil est si laid qu'il faut le cacher !

J'ai dit : un peu fier ; car je suis chrétien et je sais, en cette qualité, ce que je vaux :

J'AI VALU LE SANG D'UN DIEU SUR LA CROIX !

Comme homme, j'ai péché en Adam, j'ai péché par moi-même, je ne vaux rien : qu'on me foule aux pieds comme de la boue, j'y consens ; hélas ! ce sera justice... seulement, ce ne sera pas charité.

Comme chrétien, je suis membre de Jésus-Christ, et l'éclatante auréole qui rayonne sur le chef, laisse découler jusques sur les membres sa magnificence et sa gloire ; qu'on me respecte !

Ce ne sont pas quelques avantages naturels ou sociaux de plus ou de moins qui peuvent établir, entre mes frères et moi, une différence telle qu'aucun d'eux ait le droit de me croire d'une autre espèce que lui...

Nous sommes tous du même sang en Adam : quoique les uns soient montés et que les autres soient descendus, le niveau de l'égalité primitive s'étend encore sur la tête du patricien et du plébéien, du noble et du roturier : ou plutôt, le Christianisme n'a pas attendu la République pour fondre ces vaines distinctions de naissance dans une naissance commune, la régénération de l'homme au baptême.

Le Christianisme est donc essentiellement la religion de l'ÉGALITÉ. Il a laissé naître les titres, mais il les laissera volontiers mourir : il ne tient pas à si peu de chose.

Dieu a ses titres à lui, qu'il donnera dans le ciel, et il les donnera à propos.

En attendant, âmes véritablement nobles, plus nobles que votre sang qui, hélas! participe, comme tout autre, à la souillure originelle, ne concevez pas de tristesse de l'abolition d'un mot qui n'ajouterait rien à votre valeur et dont la perte n'en retranche rien.

Quoi de plus vrai et de plus consolant dans ces légers froissements de l'amour-propre, que cette parole toute simple et toute chrétienne :

« Vous n'êtes en réalité que ce que vous êtes devant Dieu ? »

Mais cela vous l'êtes toujours, et les hommes n'y peuvent rien.

Ils peuvent bien supprimer, déchirer, brûler vos titres de noblesse ; mais ils ne peuvent supprimer en vous, déchirer, brûler la justice, la probité, la charité, la miséricorde, toutes choses dont se compose une noblesse solide, éternelle.

Oh! si vous aviez le cœur assez grand pour entendre un langage encore plus noble et plus élevé, voici ce que j'oserais ajouter :

L'ancienne noblesse, il faut l'avouer, a pesé longtemps sur le peuple, je ne dirai pas de tout le poids des dîmes, des cens, des corvées, bagatelle que toutes ces charges ! on paie et l'on en est quitte ; mais du poids bien moins supportable pour un noble cœur sous la bure, du poids de l'orgueil et de la hauteur.

Eh bien! vous, l'héritier de cette noblesse, vous qui, peut-être, portez encore quelqu'un de ces noms superbes inscrits dans l'histoire de la patrie, entrez noblement, saintement, dans les conseils adorables de la justice suprême : acceptez de la part de Dieu encore plus que de la part du peuple la peine du talion.

S'humilier en vue de l'ordre et de la justice n'est point s'abaisser, c'est grandir.

Les nobles cœurs m'entendront....

Les âmes bonnes, non moins que nobles, m'entendront aussi quand j'ajouterai :

Si vous gagnez en amour de la part de vos frères ce que vous perdez en honneurs, en titres, en priviléges, dites : qu'avez-vous perdu? Consultez votre cœur, il vous répondra que tout est gain dans cet échange.

Du reste, si la noblesse avait péché, elle a été assez rudement traitée pendant la première révolution pour que le ciel soit devenu serein sur sa tête après cette terrible justice! Aussi, voyez, il n'y a plus d'orage et de foudre qui dirigent leur fureur sur elle.

Il en est d'elle, au moins pour le moment, et espérons que ce moment durera long-temps, comme du clergé. Lui aussi, en 93, avait payé de son sang ses dettes! et, aujourd'hui, on le laisse en paix, on fait fait plus, on l'aime.....

Et toi, ancienne noblesse française, toi, dont les incontestables services se lient à toute la trame de notre histoire; toi, si attrayante et si belle quand tu étais pure, bonne, charitable! si grande quand l'heure des combats sonnait! si généreuse quand la patrie, par la voie du prince, te demandait ton sang! pourquoi te haïrait-on si tu aimes?

Paye-t-on ordinairement l'amour par la haine?

Que dis-je? on te dédommagera amplement de la

perte de tes titres si, pour l'amour de la paix, tu en fais sans rancune le sacrifice. Un respect affectueux, cordial, ne vaut-il pas bien un titre de duc, de marquis, de comte?

Puisque nous sommes sur la route de la vérité, disons toute vérité bonne qui se rencontre à notre passage.

Appel encore aux nobles âmes de la noblesse. Voulez-vous achever de vous réconcilier avec le peuple? ne craignez plus tant de vous allier avec lui.

Peut-être en faut-il finir avec l'orgueil pour en finir avec les révolutions.

Ne vous révoltez pas trop de mon langage : Dieu pourrait bien vous reprocher cette révolte à son jugement.

En ce jour un acte d'humilité sera précieux, un acte de charité plus précieux encore ; que dire d'un acte de patriotisme pur et sincère qui est un acte de charité vaste, en quelque sorte, et grand comme la patrie?

Jésus-Christ lui-même a voulu que son arbre généalogique attestât une sorte de mésalliance (pour parler la langue du monde) dans son illustre et grande famille : à savoir, celle de *Salmon*, de la noble tribu de Juda, avec *Rahab*, la pécheresse de Jéricho (1). Et ne croyons pas qu'elle ait porté malheur au fruit qui devait en naître immédiatement ; car ce fruit fut le pieux Booz, époux de la vertueuse Ruth et bisaïeul du grand roi David.

(1 Voyez a *Généalogie de Jésus-Christ*, saint Mathieu, c. 1.

Or, cette Rahab était tout simplement et tout humblement, selon les commentateurs, une aubergiste de Jéricho.

Et voilà comme Dieu veut de temps en temps le mélange des races humaines, pour nous rappeler à tous notre commune origine.

CHAPITRE XIII.

HONNEUR ET GLOIRE.

—

Mais, mon Dieu, je ne sais pourquoi j'invite l'antique noblesse française à fraterniser avec le peuple : ne l'a-t-elle pas déjà fait et ne le fait-elle pas tous les jours ?

Tantôt l'intérêt, tantôt la grandeur d'âme et le patriotisme, font descendre les uns et monter les autres jusqu'à la ligne de l'égalité conjugale.

Dans nos derniers temps, combien n'a-t-on pas vu de ces belles alliances entre l'honneur et la gloire, l'honneur de l'ancienne chevalerie et la gloire toute moderne des armées de la République et de l'empire ?

Après tout, il faut en convenir, il y a des noms d'hier qui valent bien des noms d'avant-hier. Ainsi l'a voulu Dieu, pour que toute prérogative ne fût pas d'un côté et toute exclusion de l'autre.

Venez donc, a-t-il dit du haut du ciel, fils du peuple, porter ces croix, symboles de l'honneur et gages de la valeur, ces cordons qui ne flottaient autrefois que sur des poitrines de gentilshommes, ces épaulettes de général, ces bâtons de maréchal, espèce de patrimoine de la plus haute noblesse de France. Fils du peuple, tout cela est à vous dans les décrets de ma Providence.

A chacun son tour : vos pères n'étaient rien, soyez quelque chose, et manifestez déjà sur la terre la vérité de cet oracle de l'Evangile : *Erunt novissimi primi* : « Les derniers seront les premiers (1). »

Il en sera ainsi dans le siècle, il en sera même ainsi dans mon Eglise, et je ferai siéger au premier rang dans mes cathédrales, la crosse en main et la mître en tête, des hommes que leur seul mérite aura fait monter au gouvernement du peuple de Dieu.

A chacun son tour, encore une fois.

Mais que ce soit toujours et toujours celui de la charité, de la paix et de la concorde entre tous les enfants de mon peuple, entre tous les membres de mon Eglise.

Car je hais, moi, le Seigneur, plus que la mort et autant que l'enfer, la zizanie parmi les frères.

Malheur donc à celui qui se prévaudrait d'avoir remplacé les autres, soit à la tête de la nation, soit dans le commandement des armées, soit sur les trônes de mon Eglise !

(1) Evangile de saint Mathieu, c. xx, v. 16.

CHAPITRE XIV.

LA CHARITÉ FAIT L'ÉGALITÉ.

—

Et maintenant c'est à vous, riches, qu'il faut adresser la parole, au nom de Dieu et du bien public.

A la noblesse de faire de l'égalité par ses alliances; à la richesse de faire de l'égalité par son désintéressement et ses bonnes œuvres.

A quelque degré de perfection qu'arrivent l'ordre social et le système républicain : « Vous aurez toujours des pauvres parmi vous, a dit Jésus-Christ (1). »

Mais qu'importe qu'il y ait des pauvres, s'il y a des riches compatissants pour leur venir en aide?

L'amour s'entretient entre les âmes par cette inégalité des fortunes, par les besoins des uns et par l'assistance des autres.

Si le bienfaiteur gagne un ami il a gagné plus que la valeur de son bienfait, et il s'établit entre ces deux hommes une sorte d'égalité bien touchante, celle de l'amour qui donne et de l'amour qui reçoit.

O France! puisse ta noble terre produire souvent cette égalité!

Mais comment le riche pourrait-il satisfaire à tous les besoins du pauvre, s'il ne se prive de quelque chose?

(1) *Pauperes enim semper habetis vobiscum.* Evangile de saint Jean, c. XII, v. 8.

S'il veut toujours entasser, comment pourra-t-il donner?

S'il se livre sans retenue à toutes les vanités du luxe, à toutes les fantaisies de la table, en vérité, je vous le dis, plus d'un pauvre ouvrier aura faim, plus d'un malheureux sera nu, plus d'une famille, indigente et honteuse tout à la fois, mourra de misère, comme Lazare à la porte du mauvais riche.

Je sais ce que disent les apologistes du luxe, pour le défendre envers et contre l'humanité, la religion et les pauvres : le luxe alimente une foule de professions.

Je ne répondrai à cela qu'un mot : malheur à qui les fait vivre ! dans une République chrétienne il vaudrait mieux les faire mourir.

Mais ce qu'il importe de faire vivre, ce sont les classes de la société utilement laborieuses, et quelquefois infructueusement pour elles-mêmes.

Chacun a son cœur ; pour moi, j'aimerais mieux rendre un morceau de pain à ce laboureur qui me donne celui que je mange, et qui en garde à peine pour lui et pour ses enfants, que de payer une soirée de théâtre à quelque ouvrier de luxe des villes.

Sans doute, il faut vivre selon son rang ; c'est la grande excuse du monde ; mais ce mot-là sent plus la cour des princes que l'égalité des Républiques.

Mais, s'il faut que le riche vive selon son rang, il faut aussi qu'il vive selon la charité et la bienfaisance, et surtout il faut que le pauvre vive au moins selon ses premiers besoins.

République française, retiens bien ces mots que tu as prononcés toi-même dès ton berceau :

« Du travail a l'homme valide, du pain a l'homme invalide. »

Tout homme qui naît sous le ciel a droit de réclamer l'une de ces deux choses de Dieu, son Père, et des hommes, ses frères : *Panem nostrum quotidianum da nobis hodiĕ.*

Il faut vivre selon son rang est une loi subordonnée et postérieure à celle-ci : Il faut vivre.

Si donc je n'ai pas, moi, de quoi vivre, vous qui avez de quoi vivre selon votre rang, vous devez en retrancher ce qui m'est nécessaire, à moi, pour ne pas mourir.

Voilà la loi naturelle dont on parle tant, et qu'on ne pratique pas mieux pour cela.

Voilà la loi évangélique qu'on admire tant, et qu'on se contente le plus souvent d'admirer.

Voilà l'égalité républicaine qu'on a bien mise sur le papier, mais qu'il s'agit de mettre dans nos âmes et dans nos mœurs, sous peine de mort pour la République et pour nos âmes.

CHAPITRE XV.

DE LA FRATERNITÉ.

—

Voyons la FRATERNITÉ. Par la grâce de Dieu, je l'ai vue, comme tout ce qui est divin, dans les pages de l'Evangile avant de la voir dans la devise de la République. Honneur à ceux qui sont allés l'y chercher ! plus honneur encore à ceux qui nous la feront retrouver dans leur cœur, dans leurs actions, dans toute leur vie !

Mais qu'en pensez-vous, mon frère ? Croyez-vous que ce soient d'autres que des chrétiens qui nous donnent ces touchants exemples de la fraternité humaine et de la fraternité républicaine ?

Pour moi, je voudrais la trouver chez tous indistinctement, parce que si tous aimaient sincèrement leurs frères, ils connaîtraient, aimeraient et possèderaient bientôt Jésus-Christ.

« Dieu est CHARITÉ, dit l'apôtre Jean, et celui qui » demeure dans la charité demeure en Dieu, et Dieu » en lui (1). » Mais quand le Père demeure en une âme, le Fils y demeure aussi, car ils ne sont qu'un.

C'est pourquoi je dis que si tous aimaient leurs frères, ils aimeraient et posséderaient Jésus-Christ

O fraternité ! ô fraternité ! qui te fera régner sur toute la terre !

Nous croyons, nous, chrétiens, que c'est à Jésus-Christ seul qu'appartient cette gloire : que si la République française veut, en quelque sorte, la partager avec lui, vive mille fois la République ! Jésus-Christ n'en sera point jaloux ; au contraire, il bénira de toute son âme divine cette République de frères.

(1) *Deus charitas est : et qui manet in charitate, in Deo manet, et Deus in eo.* (1re épître de saint Jean, c. IV, v. 16.)

Mais prenons garde! on en a vu qui disaient : « Soyons frères, ou je te tue! » Terrible fraternité que celle-là! Dieu nous préserve de la voir renaître!

Le chrétien ne s'y prend pas ainsi pour se faire aimer : il vous fait tout le bien qui est en son pouvoir, et puis vous l'aimez naturellement, parce que vous êtes forcé de voir qu'il vous aime.

O saints apôtres de Jésus-Christ! qui, à l'exemple de votre Maître, avez livré vos vies à la mort pour nous faire connaître la VIE, c'est-à-dire Jésus-Christ lui-même, principe de vie éternelle, vous veniez, vous, dire tendrement à tous les hommes de l'univers : Soyons frères, dût-il m'en coûter mon sang pour gagner vos cœurs !

Voilà la véritable fraternité.

O vous qui leur avez succédé dans cette grande entreprise de rendre tous les hommes frères, saints de tous les peuples et de tous les âges, mais vous plus spécialement, saints dévoués aux œuvres de miséricorde, saint Jean l'Aumônier, saint Jean de Dieu, saint Jean de Matha, saint Vincent de Paul, notre saint à nous, Français! ta gloire, ô Paris, entre tant de gloires! quand vous couvriez de bienfaits la terre, vous disiez à chaque instant aux infortunés, par vos œuvres plus éloquemment que par vos paroles : Soyons frères !

Et, grâce à la miséricorde de Dieu, vous avez encore aujourd'hui des imitateurs qui font entendre le même langage d'action aux pauvres qu'ils visitent, aux affligés qu'ils consolent, aux malades qu'ils encouragent, à tous les malheureux qu'ils assistent de cœur ou de bourse. (1)

Voilà la véritable fraternité.

CHAPITRE XVI.

LA FRATERNITÉ DANS LES LOIS.

—

Cette fraternité, députés républicains, si vous l'avez dans le cœur, vous la ferez passer dans les lois autant qu'elle y peut passer.

Souvenez-vous de vos frères pauvres, pour diminuer les charges publiques.

Souvenez-vous de vos frères pauvres, pour imposer le riche et son luxe, ses équipages, ses chevaux, ses chiens, en proportion de sa magnificence, et décharger d'autant l'échoppe et la chaumière.

Souvenez-vous de vos frères pauvres et laborieux, pour faire en sorte que le salaire de leur travail soit proportionné à leurs sueurs et à leurs besoins.

Souvenez-vous de vos frères pauvres, pour ne pas leur tenir à un trop haut prix toutes ces choses que la Providence et la nature donnent si généreusement : l'air que nous respirons par les ouvertures de nos maisons, et qui remplit l'immensité ; le sel, qui est le seul condiment, la seule épice de la nourriture du pauvre,

(1) Tout le monde connaît les belles *sociétés de saint Vincent de Paul.*

et que la mer jette à pleines ondes sur ses rivages; le vin, qui répare les forces de l'homme, que Dieu lui donne *pour réjouir son cœur* (1), quand il en use modérément, et que nos coteaux de la France versent abondamment sur l'Europe.

Souvenez-vous de vos frères pauvres, pour qu'aucun ne puisse dire avec vérité : J'ai faim, je suis nu, je souffre, je me sens mourir par la faute de la société, et non par la mienne.

Mes enfants manquent de pain, et cependant, du matin au soir, je travaille de toutes mes forces pour leur en donner.

Fraternité, viens donc dans les lois de la République; tu y seras encore mieux placée que dans sa devise.

CHAPITRE XVII.

FRATERNITÉ DANS LES PROCÉDÉS.

La religion, qui a pourvu à toutes les nécessités morales de l'homme, qui n'a pas laissé un bon conseil comme un bon précepte sans le lui donner, nous dit, par la bouche de ce grand Paul, l'homme universel en science divine :

_____

(1) *Ut.... vinum lætificet cor hominis.* (Ps. cIII, v. 15.)

« Chérissez-vous mutuellement d'une charité de *fraternité*; prévenez-vous mutuellement d'honneur. »

Charitate fraternitatis invicem diligentes; in honore invicem prævenientes (1).

Pierre, le vicaire de Jésus-Christ et le chef visible de son Eglise, ne dédaigne pas d'entrer dans le même détail de politesse chrétienne et fraternelle :

« Honorez tout le monde; chérissez la *fraternité*. »

Omnes honorate; fraternitatem diligite (2).

Que j'aime à voir ces grands hommes descendant à ces petites recommandations d'égards et de respects mutuels ! Je dis *petites*, quoique cependant elles soient grandes d'un autre côté; car elles ne vont à rien moins qu'à assurer la paix, la concorde, la douceur et l'agrément de la vie entre les membres de la grande famille humaine.

On voit, par ces deux textes, que le mot de *fraternité* n'est pas d'hier, que saint Paul et saint Pierre le connaissaient avant nous. Seulement, il y a peut-être cette différence entre eux et nous, que nous connaissons le mot et qu'eux pratiquaient la chose.

Savons-nous bien, comme nous en avertit encore un apôtre, que *la langue est un feu* terrible (3) ? Nous pourrions en dire autant de la plume.

Savons-nous que c'est la langue qui fait sur ce globe la paix ou la guerre ?

(1) *Epître aux Romains.* c. xii, v. 10.
(2) 1ere *Epître de saint Pierre.* c. xi, v. 17.
(3) *Lingua ignis est...* Epît. catholique de saint Jacques, c. iii., v. vi.

Une conférence diplomatique s'ouvre, un mot piquant s'échappe d'une bouche imprudente; en voilà assez pour provoquer entre deux monarques un duel, où ils se feront représenter par deux armées. Deux nations se heurteront comme deux montagnes, le sang coulera par torrents... Le conseil de saint Paul : *In honore invicem prævenientes*, « Prévenez-vous mutuellement d'honneur, » aurait évité tous ces maux et sauvé la vie à des milliers d'hommes.

Mais allez prêcher cela aux violents et aux emportés; ils vous traiteront de lâche, et vous n'aurez été que prudent.

En attendant qu'ils se soient calmés, continuons, nous, de nous exercer à la charité fraternelle, et poursuivons nos réflexions chrétiennes sur ce sujet.

On ne conçoit pas que le Français soit en même temps si poli dans un salon, et si acerbe, si dur quelquefois, soit dans une tribune aux harangues, soit dans une feuille publique.

Que de duretés s'envoient et se renvoient dans la discussion des hommes, du reste bien élevés, doux dans le commerce privé de la vie, mais sans mesure, sans ménagement et sans charité dans les démêlés publics !

Sans doute il y a des choses qu'on sent vivement, et qu'on ne peut s'empêcher d'exprimer de même : dans ce cas, foudroyez, si vous avez la foudre à la main, une scandaleuse maxime, un principe pernicieux, une assertion révoltante; mais épargnez votre frère qui malheureusement s'est trompé, et qui veut être éclairé, non exterminé.

Si vous humiliez trop les autres, les autres vous humilieront à votre tour; car, une fois ou l'autre, on vous surprendra bien en faute, si impeccable que vous vous croyiez.

Appliquons ceci à la situation présente des choses.

Un gouvernement est tombé, lequel généralement n'était pas aimé, il faut en faire franchement l'aveu. Nul doute que la haine qu'on lui portait ne fût fondée à beaucoup d'égards.

Cependant, il faut reconnaître que des hommes d'ordre et de paix, redoutant guerre étrangère ou guerre civile, ayant en horreur l'anarchie, se rattachaient à ce gouvernement, faute de mieux et dans l'appréhen‑sion de pire.

Eh bien! maintenant, est-il charitable, est-il fraternel, est-il généreux de tomber, à bras raccourcis, sur ces partisans humiliés d'un pouvoir déchu?

Celui qui écrit ces lignes n'était rien sous le gouvernement précédent; il ne s'était montré en rien son ami, parce qu'il ne le trouvait pas aimable, ni son ennemi, parce que le cœur du chrétien n'a pas où loger la haine. En conséquence, il parle ici avec un entier désintéressement, et c'est pourquoi il prend avec plus de zèle la défense des accusés d'aujourd'hui, les heureux d'hier.

O nobles républicains! rappelez-vous la grande âme de Caton d'Utique, votre devancier, dont un poète a dit:

Victrix causa diis placuit, sed victa Catoni.
Les Dieux pour le vainqueur, Caton pour le vaincu (1).

Ceux que vous détestiez avant la bataille, aimez-les après ; car il n'y a plus sujet de les haïr, ils sont vaincus....

Rien de mortifiant pour nos adversaires dans nos discours de tribune, dans nos feuilles périodiques, dans nos proclamations, et le reste : fraternité, fraternité, trois fois fraternité !

Si vous n'êtes les amis que de ceux qui ont combattu avec vous, pour vous, que deviendront les autres ? Voulez-vous qu'ils meurent de honte et de chagrin, à propos de votre victoire et de votre joie ? Voulez-vous qu'ils maudissent en secret votre République et vous ? Ah ! plutôt faisons qu'ils l'aiment et la servent de tout leur cœur, reconnaissant franchement que le passé ne valait pas le présent !

Et voilà la fraternité.

CHAPITRE XVIII.

LE CHANT DU COQ.

Poursuivons.

Quand le coq de Pierre chanta, celui-ci, comme réveillé d'un profond sommeil, fut épouvanté de lui-même en se rappelant qu'il avait renié Jésus-Christ.

(1) Lucain, dans sa *Pharsale.*

Le coq de la liberté a chanté : il va se passer dans le monde quelque chose de semblable au réveil de Pierre.

Plusieurs vont être effrayés d'eux-mêmes et de leur ingratitude, après avoir renié dans leur cœur, dans leurs paroles, dans leur conduite, ce Jésus qui sauva le monde, et qui affranchit aujourd'hui les peuples.

Voyez : c'est à Rome, la ville de Pierre bien plus que la ville des Césars, qu'a commencé ce grand affranchissement. Adorez donc Jésus-Christ, caché dans le cœur de Pie IX !

L'Eternel, libre au milieu des mondes, veut que le monde soit libre aussi !

Le Fils de l'Eternel, Jésus-Christ, ne le veut pas moins que son Père, lui qui a donné sa vie pour la liberté !

Et l'Esprit-Saint, qui ne fait qu'un par sa nature divine avec le Père et le Fils, soupire sans cesse dans le cœur des hommes esclaves après l'heure de la liberté !

Pleurons donc avec amertume, comme Pierre revenu à lui, nous qui avons eu le malheur de contester à notre Libérateur son titre de Dieu, titre impérissable quand tous les autres périssent.

Il ne s'agit plus de croire ou de ne pas croire : il faut faire, et puis nous croirons.

Pourquoi ne croyons nous pas? c'est parce que nous ne faisons ni ne voulons faire.

Mais il est temps que cette lâche et mauvaise volonté soit mise dehors, comme un roi dont on n'a pas été satisfait.

Il est temps qu'on fasse sa paix, toute sa paix avec

Jésus-Christ, si bon, si aimable, si gracieux, si plein de pardons et d'amour!

Allons donc, enfants prodigues de notre époque, rentrez en vous-mêmes, après avoir dépensé en plaisirs et en voluptés une si belle partie de la vie, tant d'ardeur et tant de désirs!

Votre Père vous attend, la tristesse sur le visage, parce que vous êtes trop lents à venir, les larmes aux yeux, parce qu'il n'y a personne qui les puisse sécher et tarir que son fils rebelle, fugitif, perdu....

Que ce fils perdu se retrouve! qu'il brise les fers dont l'ont enchaîné des créatures perdues comme lui!

Il n'est plus permis d'être esclave sous le règne de la liberté : la loi n'en reconnaît plus, conformez-vous donc à la loi.

Le cœur du Père est ouvert, sa table est dressée, le pain, et quel pain! les anges le savent...., est déjà servi.... et l'enfant prodigue n'arrive pas.

Il ne peut se décider à rompre ses chaînes..... Liberté, n'es-tu donc qu'un nom! esclavage, es-tu donc l'éternelle condition des enfants d'Adam!

Le coq a chanté, Pierre, éveillez-vous de votre sommeil de mort, et que son chant annonce pour vous, avec le jour de la liberté, l'aurore de l'éternelle vie!

CHAPITRE XIX.

CONCLUSION.

Concluons cet opuscule comme se concluront toutes choses à la fin des temps et au commencement de l'éternité.

A cette heure où l'Ange de l'apocalypse criera dans le ciel d'une voix puissante comme sept tonnerres : « Il n'y a plus de temps : » *Tempus non erit ampliùs* (1)..... le vaste et profond silence qui aura accompagné le jugement de Dieu se terminera par une explosion universelle d'approbation, de justice et de gloire rendues au juge suprême, et d'un bout du ciel à l'autre commencera, pour ne plus finir, cette grande louange :

Vive Dieu, le Père de l'éternité et des temps, le Père de l'immensité et des mondes !

Vive son Fils éternel, son Verbe incarné, le Sauveur du monde, qui vient de juger le monde selon l'équité, selon la miséricorde et la justice, selon la patience des bons et l'obstination des méchants !

Vive l'Esprit-Saint, fleuve de lumière et d'amour qui coule éternellement du cœur du Père et du cœur du Fils, qui a inondé la terre de grâces et de charité,

____

(1) *Apocal.* c. x, v. 6.

et qui maintenant inonde le ciel et l'inondera à jamais de paix, de béatitude et de gloire!

Vive l'Eglise de Jésus-Christ, qui a vaillamment combattu dans le temps et qui triomphe dans l'éternité!

Vive la Mère de Dieu et des hommes, autrefois Mère des grandes douleurs, aujourd'hui des joies sans pareilles!

Vive la douce et sainte liberté des enfants de Dieu, délivrés pour jamais de la servitude du péché et de l'esclavage des démons!

Vive la sage et juste égalité des élus qui ont tous reçu le même denier de la vie éternelle (1), qui sont tous assis à la table de leur commun Père, qui comtemplent tous dans ses yeux le même sourire de bienveillance, de grâce, de bénédiction paternelle; qui ne seront point jaloux les uns des autres, malgré les différents degrés de la gloire, parce qu'ils s'aiment, parce qu'ils aiment leur Père, parce qu'ils adorent la sagesse de ses conseils, la justice de ses jugements, la bonté et la beauté de ses voies, le bel ordre de la cité sainte, la grande harmonie du monde éternel!

Vive la fraternité, à tout jamais inaltérable, des enfants de la justice et de l'amour, des fils de la résurrection et de la vie, s'embrassant les uns les autres dans le sein du Père, du Fils et du Saint-Esprit, comme le Père, le Fils et le Saint-Esprit les embrassent eux-mêmes tous dans une charité immense, sans commen-

______

(1) Voyez, au chapitre xx de l'Evangile de saint Mathieu, la parabole des ouvriers appelés, à différentes heures du jour, à la vigne du maître.

cement et sans fin ; car ils ont été aimés avant d'être , avant que le monde fût, et c'est pour eux que le monde a été créé !

O République française , composée de trente-six millions de chrétiens, écoute et entends dans l'avenir ces glorieux *vivat* de la résurrection ! Toi-même ressuscite dès aujourd'hui avec tous les enfants à l'antique foi de nos pères et de nos aïeux , à l'espérance qu'ils nous ont transmise d'un bonheur sans terme après les courtes calamités de la terre, à cette charité qui est le fond de l'être divin et l'essence du Christianisme, à cet amour du Dieu de la patrie et de l'humanité, ardent comme le sang français et noble et beau comme lui !

FIN.

LA NOUVELLE MARSEILLAISE,

A L'USAGE

DE LA RÉPUBLIQUE FRANÇAISE DE 1848.

Allons, enfants du divin Père,
Allons à l'immortalité,
Et bravons les maux de la terre
Pour les biens de l'Éternité (*bis*).
Vaincre et mourir pour toujours vivre,
De nos combats c'est le signal :
Dans sa guerre contre le mal
Jésus nous appelle à le suivre !
Vive Dieu dans nos cœurs ! Dieu, c'est la liberté,
L'amour *(bis)*, l'ordre, la paix et la fraternité.

Nous aussi proférons sans crainte
Le cri qui renaît aujourd'hui :
Vive cette liberté sainte
Qui rend l'homme maître de lui *(bis)* !
Que pour nos cœurs aient mille charmes
Cette amoureuse égalité,
Cette douce fraternité
Qui ne coûtent ni sang ni larmes.
Vive Dieu dans nos cœurs ! etc.

Pour nous la grande tyrannie
C'est celle de nos passions :
Que des cœurs la tendre harmonie
Succède à nos divisions *(bis)*.
Quoi! la haine parmi des frères!
Le ciel en serait ténébreux,
L'enfer seul en serait heureux,
Lui qui vit de trouble et de guerres.
Vive Dieu dans nos cœurs! etc.

Chrétiens, ne maudissons pas même
Ceux par qui nous serions maudits :
Ainsi fait la bonté suprême
Qui pardonne à ses ennemis *(bis)*.
N'appelons impur que le vice,
Le sang de l'homme est précieux :
Oh! non, n'irritons pas les cieux
En le versant en sacrifice.
Vive Dieu dans nos cœurs! etc.

Gardons-nous d'alarmer la terre
Par les menaces de l'orgueil :
L'orgueil provoque le tonnerre
Et couvre la terre de deuil *(bis)*.
Dieu déteste le cœur superbe,
L'ange orgueilleux lui fit horreur,
Il l'a brisé dans sa fureur
Et le foule aux pieds comme l'herbe.
Vive Dieu dans nos cœurs! etc.

Croix auguste, bois salutaire,
Par qui l'homme fut racheté,
C'est toi qu'a reconnu la terre
Pour l'arbre de la liberté *(bis)*!
Sois donc adoré d'âge en âge
Jusqu'à nos plus lointains neveux;

Rends le ciel propice à nos vœux,
Et bénis même qui t'outrage.
Vive Dieu dans nos cœurs! etc.

O France! ô ma noble patrie!
Terre de foi, de charité,
Ne sois plus désormais flétrie
Du souffle de l'impiété (*bis*).
Conserve à jamais dans les âmes
Le respect de ton Créateur,
Et pour ton divin Rédempteur
Brûle des plus constantes flammes.
Vive Dieu dans nos cœurs! etc.

Les cris de guerre et de vengeance
Peut-être enfin s'apaiseront;
Mais nos chants d'amour, de clémence,
Jamais, jamais ne cesseront *(bis)*.
France, va chantant par le monde:
Gloire à l'auguste Trinité,
Symbole de l'égalité,
Non qui détruit, mais qui féconde!
Vive Dieu dans nos cœurs! etc.

TABLE.

www.ingramcontent.com/pod-product-compliance
Lightning Source LLC
Chambersburg PA
CBHW051118050726
47594CB00003B/846